W0279296

Die Geschichte vom kleinen Igel

Ausgedacht und gemalt von Elisabeth Zink-Pingel
Erzählt von Marliese Arold

Herder Freiburg · Basel · Wien

Dort, wo die wilden Himbeeren wachsen, wohnt eine Igelfamilie.
Heute nacht machen die drei kleinen Igel zum ersten Mal einen Ausflug mit ihrer Mutter.
Der kleinste kann es kaum erwarten, er will immer der erste sein.
Am Waldrand geht die Sonne unter, und das Abenteuer kann beginnen.

Der kleine Igel läuft voraus,
immer der Nase nach.
Plötzlich schaut ihn etwas mit
großen braunen Augen an.
Lange Beine hat es und ein weiches Fell.
„Guten Abend", sagt der kleine Igel.

Weiter geht es durch die Wiese. Mittendrin ist ein brauner Hügel.
Ob er mal hinaufklettern soll? Huch, der Hügel bewegt sich!
Wer kommt denn da heraus? Ein anderer Igel? Nein, ein Tier mit großen Pfoten.
Der kleine Igel erschrickt und rollt sich schnell zu einer Kugel zusammen.

Der kleine Igel läuft weiter, aber er ist noch ein bißchen
wackelig auf den Beinen. Was glitzert denn da?
Kann man auf dem Glitzernden auch gehen? Der kleine Igel versucht es,
aber er bekommt nasse Füße und einen ganz nassen Bauch dabei.

Er bleibt erst einmal sitzen, um wieder trocken zu werden.
Da springt vor ihm ein kleines Tier in das Glitzernde hinein.
„Quak“, sagt es. „Guten Abend“, antwortet der kleine Igel.

Plötzlich sieht er etwas in der Luft.
Zwei Tiere flattern um ihn herum,
erst ganz dicht und dann ein Stückchen weiter.
Sie tanzen im Mondlicht, und der kleine Igel
schaut ihnen eine Weile dabei zu.

Dann ist der kleine Igel wieder allein.
Wo sind bloß seine Geschwister?
Er läuft den Weg zurück. Ist er hier entlanggekommen?
Er weiß es nicht mehr. Die komischen Steine, auf die er getreten ist, sind ganz glitschig und rutschen weg.
Der kleine Igel macht, daß er weiter kommt.

Der kleine Igel ist hungrig und müde. Seine Beine tun ihm weh.
Eigentlich hat er für heute genug Abenteuer erlebt.
Da – etwas Dunkles huscht über ihn hinweg.
Vor lauter Angst rührt sich der kleine Igel nicht.
Zum Glück verschwindet das unheimliche Tier in der Ferne.

Müde trottet der kleine Igel weiter. Der Ausflug war schön,
aber jetzt will er nach Hause.
Da hinten im Gebüsch raschelt es. Ist dort wieder ein fremdes Tier?
Nein, es sind die beiden Geschwister und die Mutter!
Wie froh ist da der kleine Igel!

Er hat so viel zu erzählen: Von den Tieren, denen er begegnet ist,
von dem Glitzernden, das ihn ganz naß gemacht hat,
und von dem unheimlichen Schatten in der Luft.
Jetzt ist der kleine Igel richtig stolz auf seine Abenteuer.

Es wird Morgen. Für die kleinen Igel ist nun Zeit, schlafen zu gehen.
Nach dieser aufregenden Nacht sind sie wirklich sehr müde.
Aber jetzt können sie sich einen ganzen Tag lang ausruhen.

Schlaf gut, kleiner Igel!

Einbandgestaltung: Elisabeth Zink-Pingel

Alle Rechte vorbehalten - Printed in Belgium
© Verlag Herder Freiburg im Breisgau 1995
Druck und Einband: Proost, Turnhout 1995
ISBN 3-451-23507-2